Lk 7,569

GERBERT.

AURILLAC

ET

SON MONASTÈRE

Par M. OLLERIS

DOYEN DE LA FACULTÉ DES LETTRES DE CLERMONT.

CLERMONT

FERDINAND THIBAUD, IMPRIMEUR-LIBRAIRE

Rue St-Genès, 8-10.

1862.

GERBERT.

AURILLAC ET SON MONASTÈRE

AURILLAC.

Les guerres civiles qui désolèrent la France dans la deuxième moitié du IXe siècle et pendant le Xe, les invasions des Normands, des Sarrasins, des Hongrois la couvrirent de ruines et portèrent un coup funeste aux institutions de l'Etat et de l'Eglise. Toute trace d'une administration intelligente et régulière disparut dans les lambeaux épars d'un royaume abandonné aux hasards de la violence, de la force brutale (1); on entrait dans cette longue période d'anarchie connue sous le nom de *féodalité*.

Dans cette catastrophe, la discipline ecclésiastique et l'étude des lettres et des sciences reçurent de cruelles atteintes. Elles trouvèrent à peine un asile auprès de quelques personnes isolées. Partout ailleurs on ne rencontrait qu'ignorance et corruption ; la plupart des clercs, de l'aveu de témoins oculaires, n'entendaient pas ce qu'ils lisaient, et leurs mœurs offraient le spectacle le plus hideux (2).

---

(1) Potentior viribus infirmiorem opprimit, et sunt homines sicut pisces maris, qui ab invicem passim devorantur. *Concil. Trosleian*, orat. Herivei.

(2) Omnis pene ordo, omnisque status Ecclesiæ confusus ac temeratus est. Abbas... si forsitan oblatus fuerit... codex, respondebit : *Nescio litteras. Conc. Trosl.*, c. 10 (*Presbyteri*)... qui ipsas quoque litteras ignorabant quas lege-

Dans cet effroyable désordre, des âmes d'élite se mirent courageusement à l'œuvre pour arrêter le mal. Les conciles, par leurs menaces, leurs prescriptions, réveillèrent les esprits; des moines, des prêtres, des évêques allèrent prêchant dans les villes et les campagnes, donnant l'exemple de l'austérité; des religieux, formés à l'école des disciples d'Alcuin et de Loup de Ferrières, ranimèrent le goût des études; on créa de nouveaux monastères, l'ancienne discipline fut rétablie, et l'heureuse contagion du bien, se communiquant peu à peu à la France et aux contrées voisines, finit par amener, après de longues années de travaux héroïques et trop peu connus, d'abord la renaissance des lettres, et plus tard la grande réforme de Grégoire VII.

Ce fut surtout de Cluny, fondé le 11 septembre 910 (1) par Guillaume-le-Pieux, comte d'Auvergne, duc d'Aquitaine et de Berry, que partit ce mouvement. Bernon, son premier abbé, avait apporté du monastère de la Baume, en Bourgogne, les saines traditions du passé. Son disciple et son successeur Odon (927), que ses talents et ses vertus firent respecter de tous ses contemporains, propagea la réforme, et après bien des efforts(2), il établit cette vaste congrégation ou ordre de Cluny qui compta bientôt des monastères affiliés dans toutes les provinces de la France et même jusqu'en Espagne et en Italie (3).

En France, le monastère d'Aurillac ne fut pas un des der-

---

bant. *Flot. vit. ap. Duch.* II, p. 625. Jean de Vendières veut se vouer à la vie religieuse, il ne sait où se retirer... Adeo exemplorum copia se ex tota hac regione subduxerat, nec ullum omnino monasterium in cunctis Cisalpinæ partibus, sed et vix in ipsa Italia audiebatur, in quo regularis vitæ disciplina servaretur. *Bibl. Labb.*, p. 747.

(1) Art de vérif. les dates.

(2) Tous les monastères n'acceptaient pas volontiers la réforme. A Fleury-sur-Loire les moines fermèrent leurs portes, prirent les armes et s'apprêtèrent à soutenir un siège contre Odon.

(3) Franciarum, Aquitaniarum, Hispaniarumque partium, atque Romanæ urbis circumstantium cænobiorum dux et pater. *Bibl. Clun. Vit. Odon.* Mabill. *Act. SS. O. Bened.*, sæc. V, 151, n. 3. Lire sur la congrégation de Cluny les intéressants détails dans la préface, § IV, p. 28, sqq.

niers à appeler le réformateur, à se soumettre à sa règle. Des liens étroits avaient uni les fondateurs des deux maisons. Gérauld, comte d'Aurillac, avait surveillé la jeunesse de Guillaume-le-Pieux (1), son proche parent; c'était auprès de lui, sans doute, dans ses leçons, dans ses exemples, que le futur duc d'Aquitaine avait puisé l'amour de la vertu et de la religion qu'il semblait avoir transmis au couvent de Cluny. Le monastère d'Aurillac fut moins docile à la voix de son ndateur. Le comte Gérauld l'avait bâti, en 894 (2), au pied du versant méridional des montagnes de la Haute-Auvergne, dans la vallée de la Jordanne, dont la richesse et l'heureuse situation avaient attiré de bonne heure des habitants, comme l'attestent les débris de poteries, les objets divers de fabrique gauloise et gallo-romaine, trouvés sur son territoire et dans les environs (3).

Gérauld se plaisait beaucoup en ces lieux. Il était né, en 955 (4), dans le château dont la tour en ruines est située sur l'éminence qui, occupée par l'école normale, domine la ville d'Aurillac. Sa vie écrite, quelques années après sa mort, par saint Odon, d'après les récits soigneusement comparés de témoins oculaires (5), nous offre un tableau plein d'intérêt des mœurs et des passions de cette époque.

Odon veut que le sang des saints se mêle à celui des rois dans la famille de Gérauld, et il nomme à la fois parmi ses ancêtres saint Césaire, évêque d'Arles, Arédius et Charlemagne. S'il est difficile d'établir sa descendance de Césaire et d'Arédius, il est du moins certain que sa grand'mère Mathilde était fille de Pépin, roi d'Aquitaine, fils de Louis-le-Débonnaire. Il n'avait qu'une sœur, *Avigerna* (6), qui épousa un seigneur

---

(1) *Vit. Odon.*
(2) *Vit. S. Genulphi*, II, c. 7.
(3) V. la note A.
(4) Mabill. *Act. Sanct.* sæc. V, p. 6. Il cite une dissertation d'Ægid. Laccarius, de la Société de Jésus, que j'ai inutilement cherchée à la Bibliothèque impériale, à Paris.
(5) V. la note B.
(6) On la nomme aussi Werna, Vierna, *Testam. Geral. Mundeb. Kar.*

dont on ignore le titre et le nom. De ses deux neveux Rainauld et Benoît, celui-ci devint vicomte de Toulouse, et le premier fut baron d'Aurillac, après la mort de son oncle. Gérauld, élevé sous les yeux de son père, qui portait le même nom, de sa mère Adaltrude, reçut l'instruction suffisante pour lire le psautier. Son enfance maladive engagea d'abord ses parents à le destiner à la vie religieuse dans ce temps de brutalité où la force physique était indispensable pour faire respecter les droits les plus sacrés. Il étudia le chant et effleura la grammaire. Sa santé se rétablit; le monde ouvrant alors devant lui une carrière agitée, il apprit, comme les enfants nobles de son âge, à mener les chiens, à monter à cheval, à lancer la flèche, à diriger le faucon (1). Gérauld préférait à ces exercices bruyants les plaisirs calmes de la prière et de l'étude. Il acquit dans l'Ecriture sainte des connaissances plus étendues que bien des clercs qui n'étaient pas ignorants (2).

La mort de son père, dont rien n'indique la date, le laissa exposé aux attaques de voisins ambitieux et sans foi. Le jeune comte, dont les vastes domaines allodiaux s'étendaient du Puy-de-Griou à Pousthomy, dans une longueur de 128 kilomètres (3), de Pousthomy vers Sarlat, dans une largeur d'environ 140 kilomètres, et de là remontaient au Puy-de-Griou, ne se laissa pas effrayer. Il refusa les offres pressantes du duc d'Aquitaine, son parent, celles d'Adhémar, comte de Poitiers, qui lui promettaient leur appui s'il voulait se ranger parmi leurs vassaux. Il refusa de même de confier à des étrangers la défense de ses terres. Il ne fit qu'une seule exception, à contre-cœur et sur les vives instances de ceux qui l'entouraient, pour un certain Bernard auquel il donna Taladiciac (4) qui était isolé du reste de ses domaines et entouré des voisins les plus méchants. Bernard le trahit. « C'est bien fait, disait Gérauld en riant, cela prouve qu'il

(1) *Odo de vita Geraldi, Aureliacensis comitis*, l. I, c. 4.
(2) Quantumvis sciolos. *Od. de vit. Geral.*, 1, c. 5.
(3) *Dict. statist. et hist. du Cantal*, par Déribier du Châtelet.
(4) Taladiciac, aujourd'hui Talizat, au-delà des montagnes du Cantal, dans la Corrèze. Dérib. du Chât., p. 119.

vaut mieux se fier à Dieu qu'aux hommes. » Dieu était sa force, et il sut inspirer une telle ardeur à ses fidèles, aux païsans de ses domaines (1), qu'il repoussa les attaques de ses ennemis : Godefroi comte de Turenne, Adhémar comte de Poitiers, de son frère Adelelme et d'autres adversaires moins connus. Aussi humain que courageux, Gérauld ne trempa jamais son épée dans le sang (2), et il défendait d'ajouter aux maux de la guerre par le ravage et par l'incendie. Modéré dans ses goûts, il n'acheta qu'une petite terre (3) enclavée dans ses possessions; fidèle à Charles-le-Simple, il détestait l'insolence des seigneurs des frontières (4) toujours prêts à profiter des troubles pour subjuguer les vassaux du roi; dévoué à ses amis, il protégeait, après la mort de Rainulphe II, comte de Poitiers, empoisonné par le roi Eudes, son fils naturel, Ebles, qui lui avait été confié; il le donnait ensuite au comte Guillaume-le-Pieux, qui lui fit recouvrer, en 902, l'héritage de son père (5); ami de la justice, il ne voulait pas qu'un seigneur dépouillât à son gré, sans motif sérieux, un vassal de sa terre (6); il intervenait pour ménager un accord. Les païsans, les pauvres, les faibles avaient toujours un accès facile auprès de Gérauld qu'ils appelaient le BON COMTE (7). Il distribuait tous les ans, en aumômes, la neuvième partie de ses revenus (8). Il permettait, malgré les reproches de ses amis, aux colons mécontents de s'éloigner de ses domaines (9). Enfin, étranger à la vanité, dégagé des biens de ce monde, il refusa d'épouser la sœur de Guillaume, le plus

---

(1) Rusticorum auxilio. *Vit. Ger.*, I, c. 36.
(2) *Ibid.*, I, c. 8.
(3) J'adopte pour rendre *agellum* l'interprétation de M. le baron Delzons. Il s'agit de la manse de Marcou, achetée à Adoald, comme on le voit dans le testament de S. Gérauld; elle est située dans la commune de St-Simond, et forme encore aujourd'hui un seul domaine. V. trad. mss. de la vie de S. Gérauld, par M. le baron Delzons, p. 63.
(4) *Marchionum*, 1, c. 32.
(5) Art de vér. les dates.
(6) *Vit. Ger.*, I, c. 17.
(7) *Ibid.*, I, c. 33.
(8) *Ibid.*, I, c. 14, 17.
(9) *Ibid.*, I, c. 24.

puissant comte du midi, qui voulait resserrer les liens de parenté des deux familles (1). La chasteté de Gérauld ne courut de danger qu'une seule fois; elle triompha, et il se hâta de donner la liberté et une dot à la fille du serf qui, par sa jeunesse et son extérieur agréable, avait un instant charmé ses regards (2). Gérauld songeait à se vouer à Dieu, et s'il resta dans le monde sur le conseil de quelques personnes, et, entre autres, de Gauzbert, évêque de Rodez (3), il y vécut observant en secret la régularité d'un moine (4).

Sa maison était une école de vertu pour les jeunes clercs nobles aussi bien que pour les fils des seigneurs qui la fréquentaient. Leurs mœurs si exposées, même dans les couvents, étaient l'objet d'une grande surveillance, surtout « dans ce » moment difficile où, les enfants quittent le son de voix et » les traits du visage de la mère pour prendre l'air et la voix » du père (5). »

Cette conduite si noble, si pure, produisit de merveilleux effets dans cet âge de fer. Gérauld devint l'objet de la vénération générale. On regardait comme un sacrilége de l'attaquer; le frère du comte Adhémar se vit forcé par les reproches des gens honnêtes de lui restituer le château d'Aurillac qu'il lui avait enlevé par surprise (6). L'heureuse influence de ses vertus agit même sur les mœurs dures et presque féroces des habitants de ces montagnes, elle parut les adoucir (7).

Les amis de Gérauld qui l'avaient détourné de la vie monastique, ne l'empêchèrent pas de consacrer à Dieu une partie

---

(1) *Vit. Ger.*, I, c. 34.
(2) *Ibid.*, I, c. 9.
(3) Le P. Dominique de Jésus, dans son histoire parænétique des trois saints du haut Auvergne (p. 392), le confond avec Gauzbert, évêque de Cahors, qui vivait à la fin du xe siècle. Voir la *Gall. Christian.*
(4) *Vita Ger.*, II, c. 1, 2, 3, etc.
(5) L. I, c. 15.
(6) L. I, c. 38.
(7) Incolæ regionis illius mores valdè ferinos habere solebant, sed aliquantulum exemplo vel reverentia sancti hominis esse mitiores *videntur*; l. IV, c. 8.

de ses richesses. C'était un usage ancien et fort répandu dans le IXe siècle et dans le Xe, de faire des pèlerinages aux sanctuaires les plus célèbres et surtout à Rome. Gérauld visita sept fois au moins (1) la capitale du monde chrétien. En 893, dans un de ses voyages, il déposa solennellement, sur l'autel de St-Pierre, un testament dans lequel il offrait au B. Prince des Apôtres son beau domaine d'Aurillac (2) *avec tout ce qui serait nécessaire pour l'entretien d'un abbé, de trente-neuf moines et de certaines personnes régulières ou laïques employées au service de la maison.* Il s'engageait en outre à verser chaque année une redevance de cinq sols dans l'urne de St-Pierre (3).

A son retour de Rome, Gérauld fit commencer l'édifice dont les fondements détrempés par les pluies de l'automne s'affaissèrent. Cette perte ne le découragea point. L'année suivante, 894 (4), après le carême, il sortit un jour du château qui dominait Aurillac, et, promenant ses regards autour de lui, il choisit, par une disposition divine, l'emplacement d'une église bâtie, en l'honneur de saint Clément, par son père, qui y reposait à côté de sa femme Adaltrude (5). Par ses ordres, de nombreux ouvriers furent réunis; ils reprirent avec ardeur et intelligence les travaux interrompus, ils agrandirent l'église, ils lui donnèrent une belle voûte, et le monument fut placé sous la double invocation de Pierre, prince des Apôtres, et du bienheureux Clément (6).

Tandis que s'élevaient les murailles, Gérauld, pénétré de la sainteté de la vie monastique, prit dans ses possessions des jeunes gens nobles, dont quelques-uns étaient ses parents, et il les

---

(1) *Vita Gerald.*, IV, 17.

(2) Ce domaine était distinct du château et de la *baccalaria dominicata* d'Aurillac, dont il légua, par testament, l'usufruit à son neveu Rainauld.

(3) Od., l. II, c. 4. *Mandeburde Regis Karoli.* Bull. PP. Pii IV. Mss. dont je dois la communication à M. Durif, juge de paix à Aurillac, auteur de travaux importants sur l'histoire de la Haute-Auvergne et possesseur d'une foule d'objets précieux appartenant au moyen-âge.

(4) Baronius, t. X, renvoie la fondation du monastère à l'année 912.

(5) Dominiq. de Jésus.

(6) Charte de Charles.

envoya au monastère de Vabres (1), pour les former à la piété et aux exercices de la vie religieuse.

A leur retour, l'un d'entr'eux, Adelgaire (2) fut mis à la tête du couvent, et reçut le titre d'abbé. Gérauld voulut consolider son œuvre en la plaçant sous la protection spéciale de Charles-le-Simple. Ce prince était bien faible sans doute, mais le caractère du roi imprimait à ses actes quelque chose de solennel, et, depuis la mort de son compétiteur redoutable Eudes (898), toute la France semblait reconnaître l'autorité du fils de Louis-le-Bègue.

Le IV des nones de juin, indiction II et la VIIe année de son règne, c'est-à-dire, le 2 juin de l'an 899, Charles, cédant aux prières des envoyés de son bien-aimé comte Gérauld, homme illustre, et à celles des envoyés des moines, apposa, dans la ville de Bourges, son nom et son seing au mandeburde ou à la charte de protection qu'il accordait au monastère d'Aurillac. Il donna pour toujours l'immunité des charges à ses terres, à ses habitants libres ou autres; il les exempta de la juridiction de tout juge. Ils ne devaient reconnaître que celle de Gérauld ou de sa sœur (3).

Cet acte fit éprouver au comte une joie qui ne fut pas de longue durée; malgré toutes ses précautions, l'influence dangereuse du siècle se fit sentir dans le monastère. Le relâchement, les disputes, la corruption des mœurs pénétrèrent dans son sein. L'abbé Adelgaire donnait le mauvais exemple. Gérauld en était douloureusement affecté, mais comme il ne pouvait pas le corriger, dit son biographe, qu'il n'en connaissait pas de plus digne pour le remplacer, et qu'il ne voulait pas se mêler de toutes les contestations des moines, il prit le parti de s'éloigner d'Aurillac (4). Saint Odon cite une foule de localités obscures où Gérauld, pour dissiper ses ennuis, faisait un séjour

---

(1) Vabres, dans le diocèse de Rodez, avait été fondé en 863.
(2) Odon dit *unum*. Le *Mandeburde* de Charles nomme Adelgaire, ainsi que le *breve Chronicon*.
(3) Voir la note C.
(4) Od., l. II, c. 6, 7.

momentané. Il répandait les bienfaits sur son passage. Un jour, il aperçut une femme qui labourait un petit champ près du chemin qu'il suivait; il l'appelle, et lui demande pourquoi elle fait un travail qui réclame la main d'un homme. La femme lui répond que son mari est malade depuis longtemps, que le temps des semailles se passe, qu'elle est seule, qu'elle n'a personne pour l'aider. Le comte ému lui donne l'argent nécessaire pour payer un laboureur (1).

Le souvenir d'Aurillac assiégeait sans cesse l'esprit de Gérauld qui ne pouvait s'empêcher d'y revenir de temps en temps. Un jour que de son château il contemplait le monastère, il se prit à verser des larmes abondantes. Ceux qui l'entouraient lui en demandèrent la cause. « Je pleure, répondit Gérauld, parce que
» je n'ai pas réalisé les espérances que j'avais conçues pour ce
» lieu. Car, c'est ici mon repos, c'est ici que j'habiterai. Tout
» ce qui paraît convenable pour la vie monastique, avec la
» grâce de Dieu, je l'ai préparé. Les moines seuls manquent;
» c'est la seule chose que je n'ai pu trouver! Et voilà pourquoi
» je suis plongé dans la douleur comme un homme qui se trouve
» seul, abandonné. » Puis, séchant ses larmes, et comme favorisé d'une vision prophétique, il ajoutait : « Je veux pour-
» tant que vous sachiez que l'enceinte de cet édifice sera sou-
» vent trop étroite pour la foule qui s'y pressera (2). »

La Providence ne lui réservait pas le bonheur d'être le témoin de ce changement. Pour éprouver davantage sa vertu, elle l'affligea même d'une cruelle infirmité : pendant plus de sept années, il fut privé de la vue, et pourtant ses yeux étaient si clairs que l'on n'eût jamais soupçonné qu'il fût aveugle. Gérauld supportait avec joie ce malheur ; c'était pour lui une marque de la bienveillance de Dieu qui le frappait dans ce monde pour l'épargner dans l'autre (3). Pour se montrer plus digne de cette faveur, il faisait réunir tout ce qui pouvait être

---

(1) Od. l. I, c. 21.
(2) Od., l. III, c. 1.
(3) Od., l. III, c 2.

utile au monastère de Saint-Pierre. Il aimait à se comparer à David qui avait préparé les matériaux du temple. C'est ainsi qu'il enrichit son église d'une foule d'objets précieux nécessaires au service divin. Il y mit surtout, en grand nombre, des reliques de saints, qu'il s'était procurées dans ses longs et fréquents voyages, en échange de tentures précieuses, de forts chevaux de bataille, de sommes considérables d'argent (1).

Toutes ces richesses furent déployées en 907, deux ans avant la mort du comte, qui fit célébrer avec magnificence la dédicace de l'église du monastère. Depuis ce jour, sa grande préoccupation fut de prévenir les troubles, les procès qui pourraient éclater après sa mort. Saint-Pierre avait reçu une partie de ses biens, il voulut disposer, par un acte public, de ceux qui lui restaient. Un jeudi du mois de septembre de la XVIIe année du règne de Charles-le-Simple, c'est-à-dire, de l'an 909, il fit écrire, en présence de témoins qui le signèrent, un codicille (2) pour compléter le testament qu'il avait autrefois déposé sur l'autel de Saint-Pierre, à Rome. Il distribua ses terres et les serfs qui les cultivaient entre son neveu, qui héritait en outre de ses droits de justice et de protection sur l'abbaye, et quelques-uns de ses fidèles et de ses serviteurs. Le monastère reçut en propre plusieurs domaines ; il devait en outre posséder, après la mort des usufruitiers, des legs nombreux qui leur avaient été assignés à cette condition.

Ces mesures portèrent les revenus de l'abbaye à des sommes considérables ; la piété des fidèles les augmenta (3), si bien qu'à la fin du XVIe siècle, on les estimait à plus de deux cent mille livres (4). Gérauld n'avait pourtant pas donné à Saint-Pierre tout ce qu'il possédait. Outre les terres qu'il avait réservées à sa famille, il avait affranchi cent serfs par un de ses derniers actes. Il n'avait pas dépassé ce chiffre, dit le biographe, pour

---

(1) Od., l. III, c. 5.
(2) C'est la pièce connue sous le nom de *Testamentum Geraldi*. Voir la note D.
(3) Elle les avait augmentés du vivant même du fondateur.
(4) Voir la note E.

ne pas violer la loi civile (1) qui le défendait ; car il en avait rendu à la liberté un fort grand nombre en divers temps et en divers lieux.

Gérauld avait désormais accompli sa mission sur la terre. Il dirigea toutes ses pensées vers le ciel, dans l'attente de la mort. Elle vint le frapper à Cezerwiac (2), près de l'oratoire de Saint-Cirgue. Il n'avait que cinquante-quatre ans ; mais les fatigues du corps, les infirmités, les soucis avaient épuisé ses forces. Dès les premières atteintes de la maladie, Gérauld fit appeler Amblard, évêque de Clermont (3). Il reçut, avec une foi vive, toutes les consolations de l'Eglise, et il s'endormit dans le Seigneur la sixième férie, c'est-à-dire, le 13 octobre de l'an 909 (4), au milieu des larmes, des sanglots d'une foule immense, que le bruit de la maladie du bon comte avait attirée. Le corps fut porté solennellement à Aurillac et déposé dans l'église de Saint-Pierre et de Saint-Clément, au côté gauche du maître-autel. Le peuple le suivit jusqu'à sa dernière demeure. Dans ces temps de foi naïve, c'était sa voix qui faisait les saints ; il n'hésita pas à invoquer dans ses prières le comte, chez lequel l'esprit de douceur, de charité, si rare au IXe siècle, s'était manifesté d'une manière si touchante. On lui avait attribué des miracles de son vivant ; le nombre en fut plus considérable après sa mort, et ses reliques devinrent si bien l'objet de la vénération des fidèles, malgré les doutes railleurs de beaucoup de ses contemporains (5), qu'avant la fin du siècle, le bienheureux

---

(1) L'exactitude de Gérauld à se conformer à la loi par laquelle Fusius Caninus avait, sous Auguste, réglé le nombre des affranchissements, prouve que la Haute-Auvergne suivait, au Xe siècle, le droit écrit. Les Institutes et le Code avaient aboli ces prescriptions comme inhumaines et attentatoires à la liberté. Il semble résulter de la conduite de Gérauld qu'il ne connaissait pas ces graves modifications introduites par Justinien et les successeurs chrétiens du premier empereur. — Les manuscrits de M. le baron Delzons m'ont fourni cette note.

(2) Cezeinac.

(3) La Haute-Auvergne faisait partie du diocèse de Clermont. L'évêché de St-Flour a été érigé en 1317.

(4) Voir la note F sur la date de la naissance et de la mort de S. Gérauld.

(5) Voir la préface de la vie de S. Gérauld par Odon, et le liv. IV.

Gérauld faisait la réputation du monastère d'Aurillac qu'il protégeait du haut du ciel, et son nom remplaçait celui de Saint-Pierre et de Saint-Clément (1).

La biographie écrite par saint Odon, moins de seize années après la mort du comte, sur les instantes prières de l'abbé de Saint-Martin de Tulle, Aymond, et de son frère Turpion, évêque de Limoges, contribua beaucoup à répandre le bruit de ses vertus; mais elle ne devait pas inspirer une haute estime pour les moines d'Aurillac. Saint Odon, qui était allé recueillir sur les lieux les matériaux de son livre, garde le plus profond silence sur les moines pendant les dernières années de saint Gérauld; il ne dit même pas qu'ils aient assisté aux funérailles de leur bienfaiteur. Il semble que, jusqu'au XIIe siècle, l'histoire du monastère d'Aurillac fut complétement négligée. Ce n'est que par une chronique latine très-brève (2) rédigée, à cette époque, par un frère du couvent, qui voyait, avec regret, s'effacer et se perdre les souvenirs du passé, que l'on connaît la suite des abbés et quelques mots de leur administration.

MONASTÈRE.

Adelgaire, dit la chronique, avait précédé de quelques jours dans la tombe le B. Gérauld, et Jean lui succéda. Le nouvel abbé, qui était de la famille du comte, sut par sa noblesse et par son habileté se concilier les bonnes grâces du pape Jean X. Ce Pontife lui accorda pour son monastère le privilége d'être soumis à l'autorité immédiate du Saint-Siége qui reçut un cens annuel de douze sous d'or.

---

(1) *Beati Geraldi limina*, Gerb. pass., et ep. 71. *Aureliacensem ecclesiam S. Geraldi.* Adémar.

(2) C'est le *Breve chronicon Auriliacensis Abbatiæ*, imprimé par D. Mabillon dans ses *Vetera analecta*; 1 vol. in-f°., p. 349. Voir la note G.

Jean réunit à la direction du monastère d'Aurillac celle du monastère de Saint-Martin-de-Tulle (1). Il disposa d'une partie de ses biens en leur faveur ; mais il voulut que le couvent de Tulle payât tous les ans, le jour de la fête du B. Gérauld, trois livres de poivre ou de piment à l'abbaye d'Aurillac. Cette clause amena de longues contestations après la mort du donateur. L'épicerie était chère au moyen-âge ; elle se vendait au poids de l'or. A la fin du xe siècle, l'abbé Raymond consentit, de l'aveu de ses frères et sur les humbles prières du couvent de Tulle, à renoncer à ses droits (2).

Jean mourut à Aurillac où il fut enterré. Il y fut remplacé par Arnulphe, tandis que Saint-Martin-de-Tulle fut confié à Aymond, appelé peut-être, dit Mabillon (3), du monastère de Saint-Savin, dans le Poitou.

Le couvent d'Aurillac se développa sous la sage direction du pieux Arnulphe ; les pèlerins vinrent en foule visiter son église. L'enceinte du saint lieu ne tarda pas à se trouver trop étroite, comme l'avait prédit son fondateur. C'est alors que saint Odon, acceptant le titre d'abbé, prit Arnulphe pour coadjuteur et introduisit par sa réforme le véritable esprit de la règle de Saint-Benoît. Le silence, la prière, l'obéissance, la modestie dans les vêtements, la frugalité dans les repas, le renoncement à toute propriété en particulier, l'étude et la lecture des livres saints firent de grands progrès à Aurillac. Ses moines eurent bientôt une réputation de régularité qui attira l'attention des contemporains. Lorsque Raimond Pons, comte de Toulouse et duc d'Aquitaine, voulut peupler de bons religieux le monastère de Saint-Pons-de-Thaumières, qu'il venait de fonder, 936 (4), il fit venir Arnulphe avec plusieurs de ses frères et il choisit

---

(1) Voir la note II.
(2) Voir cet acte à la suite de la note précédente.
(3) *Annal. Benedict.*, l. XLI, p. 347.
(4) Le Père Dominique de Jésus se trompe, p. 730, quand il place la fondation du couvent de Thaumières, et la signature de S. Odon et d'Arnulphe en l'année 944. Odon était mort en 942. Voir Catel. *Histoire des comtes de Toulouse* ; l. I, p. 88-90.

pour abbé l'un d'entre eux, Otgaire, qui fut ordonné par les évêques, malgré sa résistance, 937. Odon et son coadjuteur signèrent cet acte. L'année suivante, 938, l'évêque du Puy, Gothescalc, soumit aussi à Arnulphe, pour le réformer, le monastère de Saint-Théofrid (1). Le quatrième abbé d'Aurillac, Adralde, d'une famille noble du Rouergue, mena une autre colonie à Cadeirac, et il commença dans son propre couvent une nouvelle église. L'honneur de la terminer était réservé à son successeur Gérauld de Saint-Sère, ainsi nommé d'une petite ville du Quercy qui lui avait donné le jour.

La consécration et la dédicace du saint lieu se firent avec une grande solennité, en présence de plusieurs évêques, l'an 962 (2), sous le pontificat du pape Jean XIII. L'abbé reconstruisit en outre l'église de Saint-Clément, bâtie par le père du B. Gérauld. Il entreprit même, pour satisfaire sa dévotion, les pèlerinages de Rome et de Jérusalem.

Les seigneurs du voisinage considéraient d'un œil d'envie les richesses que la piété des fidèles avait prodiguées au monastère d'Aurillac. Gérauld craignait leurs attaques. Dans l'espoir de se les concilier et de trouver en eux des défenseurs (3) pour le couvent pendant son absence, il donna dix mille manses (4), sans compter les châteaux, aux comtes de Turenne, de Carlat et à d'autres puissants personnages. Il eut beaucoup à se repentir de son imprudente générosité, dit la chronique, trop

---

(1) Mabill. Ann. Ben. III, n° 93. C'est le Monestier S. Chafre.

(2) Ailleurs, l'an 972; j'adopte la date de D. Mabillon. *Ann. Bened.*, t. III, p. 569.

(3) Les seigneurs, investis de ce droit de tutelle, s'appelaient *abbés laïques*, *abbés militaires*, *défenseurs*, *avocats*. Ils étaient très-rarement fidèles à leurs promesses. Voir Ducange et le chap. XI de l'*Hist. de Tulle*, par Baluze, liv. I.

(4) Ce chiffre *dix mille* se trouve répété partout. Si l'on prend en moyenne six habitants par manse, comme le veut M. Guérard dans le Polyptique d'Irminon, cela ferait 60,000 habitants. En réduisant le nombre des manses à *mille*, avec M. le baron Delzons. Annal. du Cantal 1834, p. 193, sur l'autorité d'un vieux manuscrit de la bibliothèque d'Aurillac, que nous y avons vainement cherché, ce serait encore beaucoup. Ne pourrait-on pas aussi penser qu'il serait suffisant d'assigner *trois* habitants aux manses dispersées dans la Haute-Auvergne?

avare de détails, et si Dieu ne lui fût venu en aide, le monastère eût été réduit à la pauvreté. Les miracles du bienheureux patron d'Aurillac devaient peu à peu combler ce vide, tandis que les écrits, la réputation, la fortune prodigieuse d'un moine que Gérauld avait reçu tout enfant dans son abbaye, allaient attirer sur elle l'attention de toute l'Europe chrétienne. Ce moine s'appelait Gerbert.

NOTES.

A

Aurillac.

En 1565, les calvinistes s'emparèrent d'Aurillac, détruisirent le monastère et brûlèrent la bibliothèque. Les pièces qui échappèrent à leur fureur furent dispersées, et peut-être ont-elles disparu dans la tourmente de 1793.

L'histoire d'Aurillac et de son monastère est donc très-difficile à écrire. Elle a été, dans ces derniers temps, l'objet de nombreuses recherches pour les érudits du Cantal. Le nom de la ville, son antiquité avaient déjà, dans le xviie siècle, donné lieu à de vives discussions. Pour les uns, Aureliacum, Auriliacum tirait son nom de Marc-Aurèle ou d'Aurélien. Orlhac, Orliac signifiaient, d'après d'autres, *lac d'or; or il y a,* soit à cause d'un lac sacré où les Gaulois auraient jeté en offrande une partie de leurs richesses au retour de leurs expéditions aventureuses, soit à cause des paillettes d'or roulées par la Jordanne. L'industrie des orpailleurs, qui a existé dans Aurillac jusqu'au xviiie siècle, était à leurs yeux une preuve sans réplique de l'or que l'on trouvait en abondance dans le lit du torrent, qui n'entraîne plus que des pierres et du sable.

L'auteur de l'*Histoire parænétique des trois saints protecteurs du Haut-Auvergne*, Dominique de Jésus, carme déchaussé, qui, du reste, est dépourvu de tout sens critique, se moque, en 1635, de la seconde explication de *tous ces contes, de ces étymologies tirées par les cheveux et fort puériles.* Il réfute ceux qui contestent l'antiquité de la ville ; il cite la grande quantité d'urnes antiques trouvées, de son temps, dans les faubourgs d'Aurillac ; et, *de plus, dans un village tout proche appelé Arpajon, on a découvert un sépulchre en marbre blanc avec une belle inscription, qui dit : Que Constantius nobilis a esté enterré là, ce qui donne à cognoistre que ce lieu a esté fréquenté autrefois* (1).

On ignore dans le pays ce qu'est devenu ce *sépulchre*; mais les découvertes nombreuses faites tous les jours à Arpajon, à Aurillac

---

(1) Hist. Parænétique, p. 769.

et dans les environs, de médailles des empereurs romains jusqu'à Sévère, d'urnes, de statuettes, d'objets d'art, de poteries gauloises et gallo-romaines ont confirmé la justesse des observations du Père Dominique de Jésus.

L'opinion, qu'il a si rudement combattue, a toutefois été reproduite, dans ces derniers temps surtout, par feu M. le baron Delzons. Cet écrivain, se laissant égarer par l'amour de son pays natal, voulait que la Haute-Auvergne n'eût jamais subi le joug des Romains ou des Francs. Il expliquait par les émigrations, par les relations commerciales des habitants de l'Auvergne, par leur goût pour les arts, les trouvailles faites dans la vallée de la Jordanne ; il prétendait en outre que Gérauld ne reconnaissait pas la suzeraineté des successeurs de Charlemagne et qu'il n'avait jamais porté le titre de comte. C'était par erreur qu'on l'avait glissé dans sa biographie par saint Odon et dans la charte du roi Charles-le-Simple ; enfin, la Haute-Auvergne n'avait pas de villes avant le xe siècle ; ses habitants vivaient dispersés comme les anciens Germains, et Aurillac ne devait son origine qu'au monastère autour duquel saint Gérauld avait d'abord groupé cent esclaves affranchis par sa main. C'est aussi à saint Gérauld qu'il faisait remonter la plupart des priviléges municipaux qui furent garantis à Aurillac à la fin du xiiie siècle.

Si une conviction profonde, beaucoup de lecture, des rapprochements ingénieux mais forcés, de l'esprit suffisaient en histoire pour établir un point controversé, M. le baron Delzons n'aurait pas eu de contradicteur. Son spirituel et savant adversaire, M. Durif, juge de paix à Aurillac, demandait et lui opposait des preuves positives, de là une longue polémique pleine d'urbanité et d'intérêt que nous ne pouvons qu'indiquer dans ces notes (Voir l'Annuaire du Cantal et les Tablettes historiques de l'Auvergne ; l. III, IV, VI).

Il résulte pour nous de ces débats, que si nous rejetons le lac d'or, et les sables aurifères de la Jordanne, si nous ne pouvons assurer que le nom d'Orlhac est d'origine celtique, parce que l'on trouve Orlhac dans la Charente Inférieure, Orléat dans le Puy-de-Dôme, Orlhonnac dans l'Aveyron, Orliac, Orliaguet dans la Dordogne, Orliac de Bar dans la Corrèze (1), ou qu'il vient par corruption de Marc-Aurèle ou d'Aurélien, il est hors de doute qu'il existait à Aurillac un centre de population assez considérable avant la naissance de saint Gérauld. A défaut d'autres témoignages, cela ressortirait des expressions de son biographe. Odon distingue sans

---

(1) Mém. mss. sur l'origine de la ville d'Aurillac, par M. le baron Delzons, p. 10.

cesse Aurillac et le château-fort. Il ne laisse jamais soupçonner que la ville soit d'origine récente, que le monastère ait été construit dans un désert, au milieu des forêts. Le père de saint Gérauld se plaisait beaucoup en ces lieux ; il y avait mené sa femme pour y faire ses couches. Le château avait une église ; il en avait fait bâtir une autre dans Aurillac où il voulut être enterré avec Adaltrude. L'érection de cette église dans la vallée ne prouve-t-elle pas la présence de fidèles nombreux ? — D'un autre côté, nous conviendrons sans peine que le bruit des miracles opérés sur le tombeau du Saint, les priviléges accordés à l'abbaye, les droits de commune donnés à Aurillac dans les siècles suivants contribuèrent à augmenter sa population.

B

Vie de saint Gérauld par saint Odon.

La vie de saint Gérauld, par son contemporain, saint Odon, est divisée en quatre livres. Le premier raconte la vie de saint Gérauld jusqu'au moment où il songe à renoncer au monde. Le second indique la conférence qu'il eut avec quelques-uns de ses amis sur ses projets de retraite dans un monastère ; il dit ses pèlerinages, sa piété, ses miracles, sa donation à Saint-Pierre de Rome, la construction du monastère et ses efforts pour y établir la régularité. Dans le troisième, l'auteur exprime la douleur de saint Gérauld à cause de la conduite des moines, son espoir dans l'avenir. Il parle de la dédicace de la nouvelle église, des précautions prises par le fondateur pour empêcher les procès après sa mort ; il raconte ses derniers moments et l'affliction du peuple qui assistait à ses funérailles. Le quatrième livre est consacré au récit des miracles opérés par saint Gérauld ; il combat les doutes de quelques personnes qui en contestaient l'authenticité.

Dom Marrier et André Duchesne ont imprimé les premiers cette biographie dans la *Bibliotheca Cluniacensis*, et ils y ont ajouté d'excellentes notes critiques et historiques. Quelques manuscrits avaient un cinquième livre. Il se composait, dans un mss. de Cîteaux, de deux chapitres et d'un sermon sur saint Gérauld, sans nom d'auteur, divisé en huit leçons, pour être lues à l'office de matines. Dom Mabillon ne les a pas jugés dignes de voir le jour, au grand regret des auteurs de l'Histoire littéraire de la France. Dans un mss. que possédait Aurillac, on ne trouvait, comme cinquième livre, qu'une homélie en l'honneur du saint. Le P. Dominique de

Jésus l'attribue à saint Odon, et il en cite quelques lignes qui prouvent que c'est une pièce apocryphe.

Odon nous apprend, dans une épître dédicatoire à l'*abbé Aymon* et dans une préface, mises en tête de la biographie, dans quelles circonstances et avec quelle attention il a recueilli les faits qui devaient entrer dans son travail.

A cette époque de réveil religieux, l'abbé Aymon, son frère, Turpion, évêque de Limoges, et plusieurs autres personnes le forcèrent, par leurs instantes prières, d'entreprendre cette œuvre, la lui imposèrent par des conseils impérieux (1). Odon, qui partageait les doutes de bien des gens sur les miracles de Gérauld, donnait des réponses évasives, lorsque, appelé par des affaires au monastère de Tulle, il fut conduit à Aurillac par Aymon qui assista (2) lui-même à l'enquête à laquelle se livra le futur historien. Odon, contraint de rédiger la vie de Gérauld, ne voulut admettre que des faits positifs, recueillis de la bouche de témoins oculaires. Il en cite spécialement quatre, un moine, un prêtre, deux nobles que Gérauld avait élevés; il cite aussi un des jeunes gens qui avaient été envoyés à Vabres, vivant encore au moment de l'enquête, racontant, écrivant les faits qu'il avait vus de ses propres yeux. Ne serait-ce pas le moine Hugues, compris déjà au nombre des quatre principaux témoins? Je le croirais volontiers, car au l. III, c. 33, il déclare passer sous silence des miracles, parce qu'ils ne sont pas affirmés par les quatre témoins. Si le jeune homme élevé à Vabres n'eût pas été l'un d'eux, assurément Odon aurait porté leur nombre à cinq. Ce moine avait-il composé une vie de Gérauld? S'était-il contenté de donner sa déposition en partie de vive voix, en partie par écrit? Nous l'ignorons.

On s'est demandé à quelle époque Odon avait fait cette biographie. Adhémar de Chabannes dit qu'il était alors *abbé de Saint-Martin-de-Tulle*; ce serait donc après l'an 925, car ce fut cette année, la troisième du règne de Raoul (3), qu'il remplaça l'abbé Aymon, appelé à diriger le monastère de Saint-Martial-de-Limoges. Le *Breve Chronicon Auriliacensis Abbatiæ* veut au contraire qu'Aymon gouvernât encore le couvent de Tulle.

Baluze, D. Mabillon, admettent l'opinion d'Adhémar; les auteurs de l'Histoire littéraire de la France se contentent de dire que saint Odon était abbé lorsqu'il composa la vie de saint Gérauld, sans indiquer dans quel monastère; ceux de la *Gallia Christiana*

---

(1) *Imperiose suasvras... multa vi precum me coegerunt.*
(2) *Cum et tu coram adesses.*
(3) Baluz. *Hist. Tutel.*, lib. II, p. 74.

veulent qu'il gouvernât déjà le couvent d'Aurillac et qu'il ait écrit cette vie peut-être dans son enceinte.

Je me permets, à l'encontre de tant de savants personnages, de penser qu'Odon était simple moine quand il fut obligé de se rendre aux prières de ses amis. Cela me paraît ressortir de ses expressions. Si Odon eût dirigé le monastère de Tulle, pourquoi, au lieu d'expliquer la présence de l'ancien abbé, Aymon, eût-il cherché un motif pour excuser la sienne? N'eût-il pas résidé à Tulle puisque Bernon gouvernait la Baume et Cluny (1)? Abbé de Tulle, c'est-à-dire d'un monastère peu distant d'Aurillac, n'aurait-il pas été frappé lui-même, l'un des plus actifs réformateurs de la vie religieuse, du récit des vertus et des miracles de Gérauld, d'un seigneur laïque, n'aurait-il pas cherché à en vérifier l'exactitude?

Aurait-il fallu le conduire, comme de force, au tombeau du saint? Des relations d'amitié existaient entre les deux monastères; ils avaient été soumis, quelques années auparavant, au même abbé; cet abbé, originaire de la Haute-Auvergne, parent de Gérauld, avait fait une donation au couvent de Saint-Martin; la reconnaissance, à défaut d'autre sentiment, n'aurait-elle pas rendu saint Odon moins rebelle aux prières de ses amis?

Telles sont les conjectures qui me font placer, avant l'année 925, la date de ce livre. Quant à l'idée émise dans la *Gallia Christiana*, elle n'a pu échapper que par distraction à ses savants auteurs; elle est en contradiction formelle avec le texte de l'écrivain.

L'histoire littéraire de la France cite deux traductions en français de la vie de saint Gérauld : « L'une est manuscrite, sans nom d'auteur, » dans la bibliothèque du Roi, fonds Colbert, sous le n° 1904, et » faite par ordre de Philippe, duc de Bourgogne et comte de » Flandre; l'autre est imprimée et due au travail de M. Com- » poing, curé de Savènes au diocèse de Toulouse. » La traduction de M. Compaing (et non Compoing) n'offre aucune garantie d'exactitude, c'est une amplification sans valeur du texte de saint Odon. Quant à la traduction indiquée sous le n° 1904, elle n'a aucun rapport avec la biographie de saint Gérauld d'Aurillac, c'est la vie de Gérard du Roussillon.

Le P. Dominique de Jésus, dans son histoire parænétique, ne donne guère pour saint Gérauld que le texte de saint Odon qu'il commente à sa manière. Il cite plusieurs manuscrits de l'abbaye d'Aurillac que l'on ne possède plus. Ce n'était, suivant toutes les apparences, que des traductions fort libres de l'ouvrage primitif. **En voici les titres :**

---

(1) Bernon est mort en 927.

1º. La vie de saint Gérauld en rhythme en langue vulgaire, par Maffrez, moine d'Aurillac. Je regrette qu'il n'en ait pas donné une seule ligne.

2º. La vie de saint Gérauld en vers latins rhythmiques, par un religieux d'Aurillac. Il l'appelle aussi *le poëte anonyme, l'auteur de la prose latine ;* et il en cite plusieurs extraits qui n'ont de valeur ni pour le fond ni pour la forme. Cet écrivain est postérieur à Jean de Salisbury.

3º. Vita S. Geraldi, par Bernard Guidon, évêque de Lodève.

4º. Traduction de l'histoire de saint Gérauld, par Pierre de Cambefort.

Cette traduction était inconnue aux auteurs de l'*Histoire littéraire de la France*, qui ne mentionnent même pas le P. Dominique de Jésus, dont l'histoire parænétique avait été publiée en 1635.

De nos jours, feu M. le baron Delzons avait fait imprimer, dans les Tablettes historiques de l'Auvergne (1) sur saint Gérauld, une notice où la critique aurait à faire bien des réserves ; mais elle aurait approuvé une nouvelle traduction du texte de saint Odon, si la mort n'eût interrompu ce travail. J'en ai dû la communication à l'obligeance de M. Henri de Lalaubie, gendre de M. le baron Delzons, héritier de ses manuscrits et de sa passion pour tout ce qui touche à l'histoire de la Haute-Auvergne.

C

Fondation et priviléges du monastère d'Aurillac.

Le testament de S. Gérauld, cet acte si important pour fixer avec précision la date de la fondation du monastère, et la valeur, la nature de la donation faite à saint Pierre a disparu sans laisser de trace ni dans nos archives, ni dans celles de Rome, comme j'ai pu m'en assurer à Paris auprès de MM. les conservateurs de nos bibliothèques, et, à Rome, auprès du R. P. Theiner, préfet des Archives secrètes du Vatican. Il ne nous reste pour suppléer à cette lacune que le récit de saint Odon, le Mandeburde ou charte de protection du roi Charles-le-Simple, quelques mots de la bulle de sécularisation de l'abbaye d'Aurillac du 13 mai 1561, et un passage de la vie de saint Génulphe. C'est à ces sources diverses que nous avons puisé les éléments de notre récit.

Le texte de saint Odon est vague, il indique les faits en général.

(1) *Tabl. Hist. de l'Auv.*, t. VI, p. 71 et suiv.

La charte du Roi nous apprend que le couvent est terminé, qu'il a un abbé l'an 899, que Gérauld promet cinq sous par an au Saint-Siège (1). Elle nomme des terres qui formaient sans doute l'offrande faite à Rome, et elle en désigne d'autres données en divers lieux, depuis cette époque, par des personnes craignant le Seigneur: per loca à Deo timentibus ibidem tradita.

La bulle de sécularisation dit que l'abbaye avait été fondée pro uno abbate et triginta novem monachis et certis aliis personis tam regularibus quam laïcis pro servitio ejusdem monasterii, sans indiquer l'époque de la fondation. Elle est fixée à l'an 894, dans la vie de saint de Génulphe (2).

Cette date paraît très-vraisemblable, si l'on songe : 1º. que la charte du Roi est de 899, et qu'à cette époque, le monastère était terminé et habité ; 2º. qu'il avait fallu relever ses murs tombés une première fois ; 3º. qu'un laps de temps de quatre ou cinq années n'était pas trop long pour préparer à la vie religieuse les jeunes gens envoyés à Vabres.

Voici la charte du Roi :

MANDEBVRDE REGIS KAROLI (3).

In nomine sanctæ et individuæ Trinitatis, Amen. Karolus divina propitiante clementia Rex. Si quid nostræ liberalitatis cultui divino locis mancipatis dicamus, id nobis profuturum in æterna beatitudine nullatenus dubitamus. Noverit igitur omnium sanctæ Dei Ecclesiæ nostrorumque fidelium cum præsentium, tum futurorum solertia quod illustris viri, ac dilecti Comitis Geraldi, missi cum monachis accedentes ad nostræ sublimitatis præsentiam humili petitione deprecati sunt ut monasterium, quod est in pago Alvernico situm, cognomine Aurilacus, in honorem Apostolorum principis, et beati Clementis fundatum, ubi abbas Adelgarius, præesse videtur una cum norma Monacorum, ibidem Deo famulantium

---

(1) Potestati S. Petri *Pictensis* persolvant quinque solidos annis singulis. A. Duchesne et Mabillon admettent pictensis. *Act. SS.*, sæcul. V, p. 8.
Dominique de Jésus traduit Saint-Pierre de Poitiers, p. 656. Ne faut-il pas lire pictenses... solidos, ou bien, avec la bulle d'Urbain II, pictavensis monetæ solidos? C'étaient des sous d'or, comme ceux qu'offrit Guillaume duc d'Aquitaine, à la fondation de Cluny, Order. Vital. *Hist. eccles.*, l. II.

(2) Baluz., *Hist. Tutel.*, l. II, c. 1, p. 71.

(3) Le texte est pris dans Dominique de Jésus, les variantes dans D. Mabillon, *Acta SS. Ord. Bened.*, sæc. V, p. 8. — On trouve la même pièce manuscrite dans les Notes de Baluze, de la Bibl. impér., arm IV, paq. 6. nº 5.

et res eidem monasterio, quas idem Abbas, et Monachi, et ipse rector et fundator ejusdem loci Geraldus tenent, hoc est Ecclesia sancti Petri in Exitense, et [1] Circiniaco cum Ecclesia sancti Cirici, cum mansis et servis de qua ipsi Monachi potestati sancti Petri [2] Pictensis persolvant quinque solidos, annis singulis ; et [3] Magrimno in [4] Condadensis, et Vinieris per loca à Deo timentibus ibidem tradita et mansis, vel omnia ad jam dictum locum pertinentia, tam in rebus quam in mancipiis, sub immunitatis nostræ tuitione susciperemus, et nostra authoritate prædictum monasterium, vel rectores illius sub plenissima immunitatis nostræ tuitione et defensione esse decerneremus. Horum itaque libentissime faventes precibus jussimus et per nostræ immunitatis edictum præcipimus ut ipse Abbas, et Monachi ibidem degentes sine ullius judicis potestate nisi ipsius Geraldi, et sororis suæ, sub nostra Mandeborde securi permaneant, et ullus judex publicus, vel quis ex judiciaria potestate, in ecclesias, aut loca vel agros, ceu reliquas possessiones præfati cœnobii, quas moderno tempore, in quibuslibet pagis, et territoriis infra ditionem regni nostri juste, et legaliter possident vel quod deinceps in jure ipsius loci divina pietas augeri voluit, ad causas audiendas, vel freda exigenda aut mancionaticos, vel paratas faciendi, aut fidei jussores tollendos, seu homines ipsius monasterii tam ingenuos, quam alios super terram ipsius commanentes, dirigendos; nec ullas redhibitiones, aut illicitas occasiones requirendo, nostris, futurisque temporibus ingredi audeat, vel ea quæ supra memorata sunt penitus exigere præsumat. Sed liceat, præfato abbati, ejusque successoribus, ac monachis res supradicti monasterii, sub nostra immunitatis tuitione, quieto ordine possidere : quatenus ipsis servis Dei ibidem Deo famulantibus, pro nobis, ac regni nostri statu, omnipotentis Dei misericordiam ingentibus precibus exorare delectet. Ut autem ejus immunitatis, atque confirmationis nostræ authoritas majorem in Dei nomine vigorem obtineat, manu nostra subterfirmavimus, et annuli nostri impressione sigillari jussimus. Datum quarto nonas Junii, indictione secunda, anno septimo, Carolo serenissimo rege. Herivæus notarius ad vicem Fulconis Archiepiscopi recognovit, et subscripsit. Willelmus comes ambatiavit (1).

[1] M. Curtiniaco — [2] Pictenses? — [3] B. Magrino — [4] Condacense.
(1) Dipl. de Louis VII. Mab. Ac. 5.; sec. V., p. 8.

D

TESTAMENTUM S. GERALDI (1).

Mundi termino appropinquante, ruinis crebrescentibus jam certa signa manifestantur, quia his advenientibus, verè mundus [1] arguitur. Et si aliquid de rebus nostris, locis sanctorum conferimus, retributorem nobis Dominum esse confidimus, qui dicit : *Date eleemosynam*. Ob hoc igitur ego Geraldus considerans casum fragilitatis humanæ, et pertimescens ultimum trementem diem judicii, propterea cedo ad locum sanctorum, et eorum servientium, et in substantia pauperum, et parentibus meis, atque fidelibus, hoc est in primis ad locum quem pro Deo, et sancto Petro condonatum habeo [2] quod vocatur [3] Aurilacus monasterium, hoc est quod à die præsenti ipsi monachi possident, et medietatem de ipsa curte, et ipsum castellum cum baccalaria [4] Dominicata, et duos mansos in Grandemonte, et in [5] Fabriciis manso, ubi stabilis visus fui manere [6] Reynaldus, et monachi, post obitum illius omnia ad Aureliacum succedant. De Catucerias curte medietatem ad ipsum locum supra nominatum dono, et medietatem Reynaldo nepoti meo dono dum vivit, postea ad Aureliacum remaneat. [7] Villa [8] mea, ad illos [9] Hermos monachi habeant, villa mea [10] Fraximas monachi medietatem Reynaldus medietatem, post obitum illius ad Aureliacum remaneat. [11] Curtigillo Reynaldus habeat dum vivit, postea ad Aureliacum remaneat. [12] Glanigo [13] Ecclesia monachi possideant. Curte mea Roacina Reynaldus dum vivit teneat, post obitum illius ad Aureliacum remaneat; de hoc quod in [14] Soliago visus sum habere monachi medietatem, Reynaldus medietatem dum vivit; post obitum illius ad Aureliacum remaneat. Borezia dono Amalfredo filio [15] Salomon dum vivit, post illius obitum ad Aureliacum remaneat. Similiter Marconi manso, quem [16] de Aldoaldo emi, dum vivit teneat, post illius obitum ad Aureliacum remaneat. Quantumcumque ad ipsas causas supra nominatas aspicit aut aspicere videtur, quæsitum vel ad inquirendum cum ipsis mancipiis ibidem manentibus, et eorum consanguineis, de foris his causis jam dictis [17] manentibus, et

---

(1) Le texte est pris dans Dominique de Jésus, les variantes dans la *Bibl. Clun.*, nº 1, p. 54. Duchesne avait reçu ce texte de Savaron.

[1] arguetur — [2] qui — [3] Aurelhacus — [4] Dominicaria — [5] Fabricas — [6] Raïnaldus — [7] villam — [8] meam — [9] Ermos — [10] Fraxininas — [11] Curtogillo — [12] Glaurgo — [13] Ecclesiam — [14] Goliaco — [15] Galamon — [16] omis — [17] degentibus.

cum omnibus pertinentiis, et appenditiis [18] eorum, et adjacentiis eorum, ad integrum dono et [19] sancto Petro et sancto Clementi, et eorum servientibus dono ad jure proprium habendi, tenendi, et [20] usumfructuarium recipiendi, ea ratione dum vivo possideam, et post obitum nostrum Reynaldus nepos meus habeat potestatem de hoc supranominato monasterio [21] vel Abbates mittendi, tollendi, [22] sive causas monachorum inquirendi ante Reges, et comites, et eorum Vicarios, sive in diversis plagis monachorum, et eorum familiis, tuitione tenendi. Et [23] ut concessio ista a me facta [24] sit, omnique tempore firma, et stabilis permaneat cum omni firmitate, et manibus hominum roborata stipulatione quoque [25] concepta. [26] Facta est accessio ista in mense [27] septembris sub die Jovis anno decimo septimo [28] quo Carolus Rex sumpsit Imperium. Et signatum [29] Geraldo qui donationem istam scribere vel affirmare rogavit [30] Ferraldi, [31] signatum Vigoni Vicarius Bladino Tugiranni « Et autres de qui la signature a esté rompue, » dit Dominique de Jésus, p. 647.

E

Possessions du monastère d'Aurillac.

Le sieur Cambefort escrit en sa traduction (mss. c. 34) de l'histoire de saint Gérauld « que les biens donnez par le sainct pou-
» vaient faire la somme de 80,000 livres, ce que Dumonteil (l. IV,
» c. 32, vit. S. Radeg.), escrit pouvoir valoir 200,000 livres, en
» ce temps, de rente annuelle et foncière, qui estoit une grande
» somme pour le temps, comme ceux qui sçavent combien les
» fermes rapportoient peu en ces temps-là jugeront aisément. »
Dom. de J., p. 680.

Comme le P. Dominique de Jésus, nous trouvons *grande* cette somme, et c'est là ce qui nous fait douter de l'exactitude des appréciations de Cambefort et de Dumonteil. Ils ont dû confondre les époques et les revenus des premières années du xe siècle avec ceux des plus beaux jours d'Aurillac, lorsque la piété des fidèles avait enrichi le monastère.

La charte du roi Charles-le-Simple et le codicille dicté par Gé-

---

[18] omis — [19] sancti Petri et sancti Clementis — [20] usufructuarium — [21] ad — [22] sint — [23] Et accessio — [24] omis — [25] annexa — [26] facta cessione ista — [27] septembrio — [28] quod — [29] Geraldus — [30] signatum Fataldi — [31] signatum Vicarni. *Le mot* signatum *précède chaque nom propre.*

rauld un mois avant sa mort, sont les seules pièces qui indiquent les legs que le fondateur a faits à son abbaye. La charte rappelait sans doute les possessions offertes par testament à Saint-Pierre dans son église à Rome.

En dehors de ces deux titres, je ne connais que l'inventaire donné par une bulle d'Urbain II à Crémone l'an 1096, celui qui se lit dans une bulle de Nicolas IV, sans date et sans désignation de lieu (vers 1290), et enfin le Pouillé qui fut fait l'an 1577.

Il ne serait certainement pas possible d'arriver au chiffre de 80 et encore moins de 200,000 livres de rente avec les textes du codicille et de la charte ; la bulle du pape Urbain II nous permettrait d'en approcher davantage. Le Pouillé met entre les bénéfices qui dépendent de l'abbaye d'Aurillac : 13 prieurés au diocèse de Saint-Flour, 5 en celui de Clermont, 13 en celui de Cahors, 10 en celui de Rodez, 4 en celui d'Alby, 5 en celui de Tulle, 3 en celui de Mende, 1 en celui de Saintes, 5 en celui de Périgueux, 1 en celui d'Angoulême, 7 en celui d'Agen, 4 en celui de Toulouse, 1 en celui de Vence, 1 en celui de Valence, 4 en celui de Die, 1 en celui de Viviers, 1 en celui de Saint-Jacques-de-Compostelle, sans compter les doyennés, cures, vicaires perpétuels, chapelles et autres églises qui sont à la nomination de l'abbé, en la plupart desquels prieurés résidaient des religieux de l'ordre. Dominique de Jésus, p. 773, 4.

F

Dates de la naissance et de la mort du comte Gérauld.

Saint Odon ne donne pas une seule date dans la vie de saint Gérauld. Les écrivains postérieurs sont fort embarrassés pour fixer avec précision l'époque de sa naissance et de sa mort. André Duchesne le fait naître l'an 856, qui était la cinquième année du gouvernement d'Abbon, abbé de saint Martial de Limoges, d'après le texte du moine Adhémar, qui écrivait dans ce monastère au commencement du XIe siècle : *Secundus abbas, Abbo præfuit annis* XI, *cujus anno* V, *S. Geraldus Aureliacensis natus est.*

Nous n'avons que ce document pour fixer la naissance du B. Gérauld ; il n'en est pas de même pour sa mort. A. Duchesne adopte la date 907, qui fut la sixième année de Fulbert II, abbé de Limoges, et il s'appuie sur cette phrase de la chronologie des abbés de ce monastère : *Sextus abbas Fulbertus præfuit annis* XX. *Hujus sexti anno S. Geraldus apud Aureliacum obiit* III *idus octobris.*

A. Duchesne savait bien que c'était à Cézeinac que saint Gérauld était mort ; il n'ignorait pas que la chronique de Limoges, en désaccord avec celle de l'abbaye, portait : *Anno Domini DCCCCXVII S. Geraldus genere, vita et miraculis celebris obiit*. Il se contente de signaler cette différence, sans expliquer les motifs qui lui font choisir la première de ces dates (1).

D. Mabillon (2), d'après l'autorité du jésuite Gill. Lacarri, fait naître S. Gérauld en 855 et le fait mourir en 909, le 13 octobre. Les auteurs de l'histoire de l'Eglise Gallicane reculent sa mort jusqu'en 912. Le P. Dominique de Jésus et le curé Compaing vont jusqu'à l'an 918, et ils donnent le témoignage d'une homélie manuscrite, existant à Aurillac, et qu'ils attribuent à saint Odon : *Migravit autem B. Geraldus mense octavo tertio idus ejusdem, anno ab Incarnatione Domini DCCCCXVIII. Romanæ Ecclesiæ præsidente Joanne Papa Nono...*

L'auteur de la prose latine rimée répète les mêmes mots. Mais comme le pape Jean IX était mort l'an 900, il est évident que cette homélie n'est pas de saint Odon et qu'elle a fort peu de valeur. M. Durif fixe à l'an 917 la mort de saint Gérauld, que feu M. le baron Delzons reculait jusqu'à l'an 920.

L'opinion de D. Mabillon nous paraît sans réplique. Le codicille de Gérauld est du mois de septembre 909, les dates antérieures sont donc repoussées : Amblard, évêque de Clermont, qui l'a assisté dans ses derniers moments, est mort l'an 911, son ami l'avait donc précédé dans la tombe. D'ailleurs, la sixième férie, seule indication précise donnée par le biographe, ne tombe que le 13 octobre de l'an 909, et c'est en ce jour que l'on célébrait la fête du saint dans l'église d'Aurillac et dans toute l'Aquitaine. La tradition voulait que le 13 octobre fût aussi le jour de sa naissance.

G

Breve Chronicon Auriliacensis abbatiæ.

D. Mabillon a imprimé le *Breve Chronicon* dans ses *Vetera Analecta*, 1 vol. in-folio, page 349. Il a indiqué à la marge quelques variantes qui se trouvaient dans un autre manuscrit désigné par le titre de Codex Claromont. Il appartenait sans doute au collége des Jésuites de Paris. Nous ne l'avons pas retrouvé. Le P. Do-

---

(1) Voir *Bibliotheca cluniacensis*, note, p. 37.
(2) *Act. Sanctor.*, sæcul. V, p. 6, 7.

minique de Jésus s'est servi d'un exemplaire qui *avait esté copié par F. Michel Cambefort, religieux d'Aurillac et prieur de Thiésac en l'an* 1542. La seule différence importante qu'il y ait entre ces manuscrits, c'est que celui de Cambefort admet un abbé de plus. Il le place le quinzième, c'est-à-dire l'avant-dernier. Voici ce qu'il en dit : « *Gaubert ou Gosbert estoit grand zélateur des droits de son Abbaye et vivoit du temps de Caliste II, pape.* » Comme l'auteur de l'Histoire parænétique traduit avec assez d'exactitude le texte de la chronique, il est permis d'en conclure qu'elle ne renfermait pas autre chose.

Le P. Dominique cite souvent un *catalogue ancien*, les *Gesta Abbatum Aureliac.* ms. l'*Histoire des abbés d'Auriliac.* Ces différents titres se rapportent au même ouvrage, c'est-à-dire au *Breve Chronicon.* Je ne sais ce qu'étaient sa *Pancarta vetus*, p. 682 ; un *Mémoire ancien*, p. 502 ; le *livre des archives d'Aurillac, appelé Prédic.*, p. 682. Nous avons le *Poullier* de l'abbaye d'Aurillac qui fut fait l'an mil cinq cent septante et sept, page 773.

On peut relever quelques erreurs dans le *Breve chronicon*. On y lit que S. Gérauld avait demandé que son monastère « *Nulli subjiceretur, nisi sancto Petro, id est summo Pontifici ad censum duodecim solidorum persolvendorum quolibet anno.* » Les auteurs modernes ont répété cette assertion. Toutefois, Charles-le-Simple dit, dans sa Charte de protection, que le cens n'était que de *cinq sous*, et la vie de saint Gérauld confirme le fait, puisqu'elle assure que le comte payait *dix sous tous les deux ans*, l. II, c. 17. Ni la charte de Charles, ni le codicille de Gérauld, ni sa vie par Odon ne mentionnent sa soumission exclusive et directe au Saint-Siége. Il est vraisemblable que ces conditions furent accordées par le Pape Jean X, au second abbé d'Aurillac. Pourquoi, en effet, le *Chronicon* dirait-il de lui : « Impetravit privilegium, ut Auriliaci cœnobium ab omni dominatione esset absolutum, nisi sancti Petri et Romanæ sedis, ad censum xii solidorum Turonensium, » si déjà ce privilége avait été accordé au fondateur ? Evidemment, il y a confusion. D. Mabillon nous paraît s'être trompé en admettant le cens de douze sous du vivant même de saint Gérauld (*Vetera Annal.*, pag. 349, not. a.)

D'après le *Breve Chronicon*, saint Odon serait mort et aurait été enterré à Aurillac, tandis qu'il est mort à Tours, et qu'il a été enterré dans l'église de Saint-Julien. Il nous dit aussi « Raymundus de Vaura eligitur abbas. Qui curat erudiendum Gerbertum. » C'est Gérauld de Saint-Sère qui a reçu Gerbert dans le monastère, c'est lui qui le fait élever, Raymond est son maître, son professeur. Il n'est devenu abbé que l'an 987 ; plus bas Raymond est appelé à tort *sodalis*, le compagnon de Gerbert. — L'auteur du *Chronicon* admet en outre la tradition que Gerbert « propter aviditatem sa- » pientiæ multa circumibat regna. » Il ne parle pas du voyage du comte de Barcelone à Aurillac, il se tait sur les études de Gerbert en Espagne.

II

Jean réunit les deux abbayes d'Aurillac et de St-Martin-de-Tulle.

Un vieux catalogue des abbés de Saint-Martin de Tulle ne porte pas le nom de Jean. Baluze ne sait où le placer ; Mabillon, à qui l'auteur de l'histoire de Tulle avait communiqué ses manuscrits, éprouve le même embarras. Une transaction passée, à la fin du xe siècle, entre les abbés d'Aurillac et de Tulle, ne permet pourtant pas de douter que Jean n'ait réuni la direction des deux monastères.

Saint-Martin de Tulle, détruit par les Normands, restauré en 894, eut pour premier abbé, dans cette seconde période de son existence, Odolric. Jean dut lui succéder. J'admettrais en outre, sans preuve, il est vrai, mais avec vraisemblance, si l'on considère ce qui se faisait alors, que Jean renonça bientôt à l'abbaye de Saint-Martin qui fut confiée à Aymon.

Le *Breve chronicon* nous dit que Jean fut cher au Pontife romain Jean. D'après Baluze, ce serait le pape Jean IX, élu en 901, mort en 906. Mais Jean IX a régné de 898 à 900, et son homonyme Jean X de 914 à 928. C'est donc sous ce Pontife que je place l'abbé Jean, et cela s'accorde avec la date de la mort d'Adelgaire, qui ne précéda que de peu jours dans la tombe le comte Gérauld, décédé neuf ans après le pape Jean IX.

Voici le texte de la transaction entre les deux abbés :

CONCORDIA MONACHORUM TUTELENSIUM ET AURELIACENSIUM

Circa annum 984 (1).

Notum sit omnibus monasteriorum fratribus, videlicet Aureliacensis et Tutelensis tam præsentibus quam futuris quia invicem habuerunt querimonias Raimundus Aureliacensis Abbas et Bernardus Tutelensis Abbas. Johannes Abbas, qui propinquus beati

(1) Baluz. *Historiæ Tutel.*, lib. III. Appendix, coll. 379, 80

Geraldi dignoscitur fuisse, simul utrasque ecclesias tenuit, et quasdam possessiones sui juris, quæ sibi à parentibus contigerant, Ecclesiæ beati Martini Tutelensis monasterii dedit, scilicet, presbyterale ministerium ecclesiæ sancti Amantii de Faurcio, et tres mansos in eadem curte, mansum Geraldini et mansum Frudini, et mansum Rotgerii, et quindecim debitales porcos in eadem curte, freda regalia quæ Johannes habebat annuatim de manu Regis Francorum in Tutelensi castro. Dedit et alios quinque mansos in parochia de Argentado. Has res superius nominatas dedit ecclesiæ beati Martini et monachis ibidem Deo famulantibus Johannes Abbas, hac quidem conditione ut unoquoque anno, in festivitate B. Geraldi, tres libras piperis aut pigmenti Tutelenses fratres Aureliacensibus persolverent. Eo quidem vivente, ut patres nostri soliti sunt referre, reddebatur absque ulla contradictione. Post mortem verò ipsius orta est sæpissime lis. Tandem facta est pax hoc modo : Ego Raimundus, Aureliacensis Abbas, cum consilio fratrum meorum hoc Tutelensibus fratribus grave fore cognoscens, rogatu illorum atque humili prece, Bernardo Abbati, fratri nostro et filio nostræque congregationis monacho suisque successoribus omne annuale censum remitto.

Clermont, typ. de FERDINAND THIBAUD.

www.ingramcontent.com/pod-product-compliance
Lightning Source LLC
Chambersburg PA
CBHW070659050426
42451CB00008B/432